JN094485

¡Hola! ¿Qué tal?

[やあ、元気 ?]

Chieko Tsujimoto

Yoshimi Isono

Nami Futamura

Nozomi Mizota

Editorial Asahi

装　丁　− Mio Oguma
イラスト − 九重加奈子

まえがき

　この教科書は、大学に入って初めてスペイン語を学習する学生を対象にしています。中学校、高校と英語を学習してきて、外国語に苦手意識を持っている人も多いかもしれません。それはなぜでしょうか？文法が難しく感じられるからでしょうか？最初は簡単だと思っていても、急に進度が速くなり、授業について行けなくなるからでしょうか？

　理由は様々だと思いますが、私たちはスペイン語を楽しく学習していって欲しいと願っています。そのために、この教科書では、必要最低限のことだけをゆっくりと学んでいく構成にしました。各課は、文法、表現、練習問題、対話練習から成り立っています。文法を理解することも重要ですが、言葉というものは何度も口に出して練習することがとても大切です。クラスの友達とのペアでの対話練習などは、大きな声で何度も繰り返して練習してください。

　1年次には、スペイン語でコミュニケーションをするための基礎作りをしていきます。簡単な表現を使って練習をし、少しずつ練習を積み重ねていって使える表現を増やしていくのが目標です。教室の中でクラスの友達と対話をしながら各課の文法項目や表現を学んでいってください。

　では、一緒に練習をしながらスペイン語の基礎を身につけていきましょう。

　なお、この教科書を作成するにあたっては、流通科学大学外国語センターにご協力をいただきました。深く感謝いたします。

　また、素敵なイラストで著者の意図を見事に表現してくださった九重加奈子さんにも心からお礼を申し上げます。

著　者

ÍNDICE 目 次

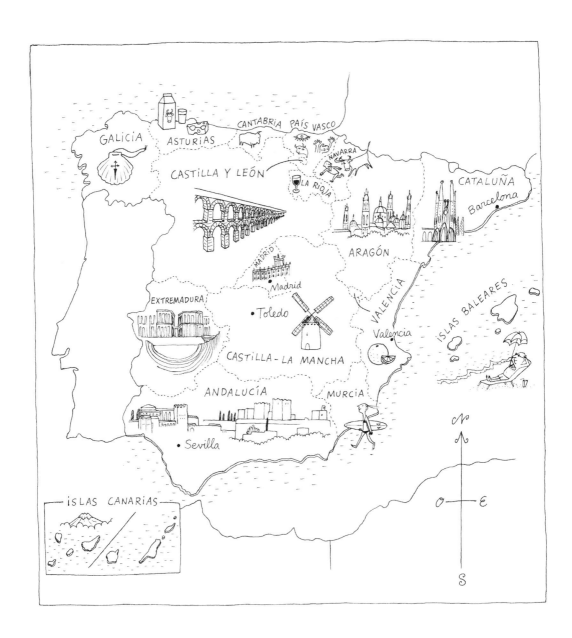

MAPA DE LATINOAMÉRICA

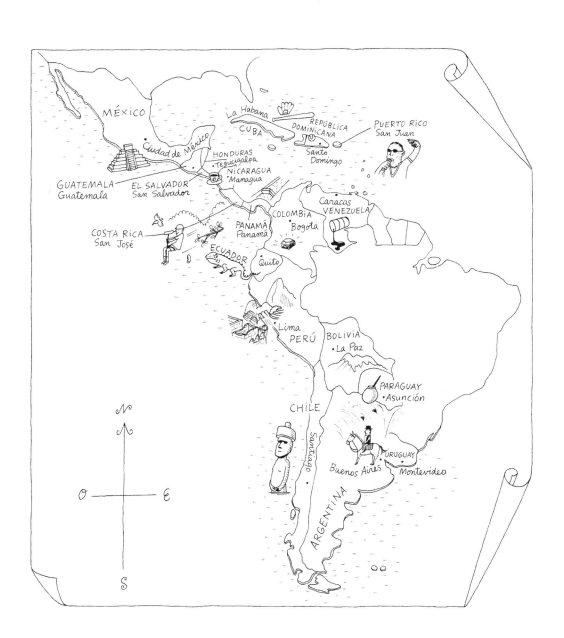

LECCIÓN 1

スペイン語の文字と発音、アクセントを学びます。あいさつができるようになります。

CD-2

Gramática

● アルファベット

A a	B b	C c	D d	E e	F f	G g	H h	I i
a	be	ce	de	e	efe	ge	hache	i
J j	**K k**	**L l**	**M m**	**N n**	**Ñ ñ**	**O o**	**P p**	**Q q**
jota	ka	ele	eme	ene	eñe	o	pe	cu
R r	**S s**	**T t**	**U u**	**V v**	**W w**	**X x**	**Y y**	**Z z**
erre	ese	te	u	uve	uve doble	equis	i griega	zeta

CD-3

● 発音

母音　a, e, i, o, u の5つです。

二重母音：ai, ei, oi, au, eu, ou, ia, ie, io, iu, ua, ue, uo, ui

➡ アクセント記号のないiまたはuと母音が並んでいる場合、1つのまとまりとして発音します。アクセントの位置を決めるときは、二重母音を1つの母音として数えます。

子音　発音と綴りに注意を要する子音があります。

c	casa 家、Cuba キューバ、Colombia コロンビア
	cine 映画館、cerveza ビール
g	gato 猫、guitarra ギター、gusto 喜び、Miguel ミゲル：人名、amigo 男の友人
	girasol ひまわり、gente 人々
h	hotel ホテル、hospital 病院
j	Japón 日本、Juan フアン：人名、viejo 年老いた・古い
l	libro 本、leche 牛乳
ll	allí あそこに、calle 通り
ñ	niño 男の子、mañana 明日、España スペイン
q	queso チーズ、aquí ここに
r	ahora 今、señorita ～さん（未婚女性の敬称）
r（rr）	radio ラジオ、correos 郵便局
x	examen 試験、extranjero 外国人、México メキシコ
y	yo 私は・が、hoy 今日、y ～と・そして
z	zapatos 靴、zumo ジュース

CD-4

● アクセント

① 母音、n, s で終わる語	後ろから二つ目の母音	casa家、joven 若い、lunes 月曜日
② 子音（n, s 以外）で終わる語	最後の母音	hotel ホテル、universidad 大学
③ アクセント記号のある語	記号のある母音	Japón 日本、café コーヒー

Expresiones

CD-5

¡Hola!
Buenos días.
Buenas tardes.
Buenas noches.

1

① ¿Cómo te llamas?

② Me llamo Ana.
¿Y tú?

③ Me llamo Juan.

⑤ Mucho gusto.

④ Mucho gusto.

2

¿Cómo está usted?

Estoy bien, gracias.
¿Y usted?

¿Qué tal?

Muy bien, gracias.
¿Y tú?

3 Adiós.

Adiós. Hasta luego.

Adiós.
Hasta luego.
Hasta mañana.
Hasta pronto.

4 Gracias.

De nada.

Ejercicios

CD-6

1 次の単語を発音してみましょう。

| diccionario | estación | arroz | vaso | chico |
| euro | paella | guerra | parque | clase |

CD-7

2 次のスペイン語圏の国・都市名を発音して、地図で場所も確認してみましょう。

| Guatemala | Quito | Chile | La Paz | Costa Rica |
| Argentina | Perú | Venezuela | Madrid | Honduras |

CD-8

3 次の人の名前を発音してみましょう。

| José | Mercedes | Enrique | Jorge | Raquel |
| Ángela | Eugenia | Joaquín | Jesús | Cecilia |

4 自分の名前をアルファベットで言ってみましょう。

CD-9

▌スペイン語圏の苗字と名前

〈苗字〉Domínguez, Fernández, González, García, Hernández, Herrera, López, Martínez, Molina, Moreno, Pérez, Rodríguez, Ruiz, Sánchez, Santos, Serrano, etc.

〈名前〉男性：Antonio, Carlos, Diego, Gabriel, Javier, Luis, Paco, Pedro, Roberto, Vicente, etc.

女性：Alicia, Carmen, Dolores, Isabel, Julia, María, Marta, Pilar, Rosa, Teresa, etc.

Práctica oral

☆ 出会いのあいさつをクラスメートと練習してみましょう。

¡Hola! Buenos días, señora.

Buenos días.

午後のあいさつや夜のあいさつもしてみましょう。
男性・女性の敬称 (señor, señora, señorita)、名前などもつけてみましょう。

☆ 別れのあいさつを練習してみましょう。

Adiós. Hasta luego.

Adiós.

他の別れのあいさつもしてみましょう。

☆ クラスメートに名前を尋ねてみましょう。

¿Cómo te llamas?

Me llamo .... ¿Y tú?

LECCIÓN 2

「コーヒーをください」などの飲み物の注文ができるようになります。

CD-11

Gramática

● 名詞の性

名詞には男性名詞と女性名詞があります。

	男性名詞		女性名詞	
① 自然の性がある	amigo	友達（男）	amiga	友達（女）
	compañero	仲間（男）	compañera	仲間（女）
	profesor	先生（男）	profesora	先生（女）
② 自然の性がない	zumo	ジュース	mesa	テーブル、机
	queso	チーズ	estación	駅
	diccionario	辞書	universidad	大学

語尾の特徴：　　男性名詞 ⓜ ➡ -o　　　　女性名詞 ⓕ ➡ -a, -ción, -dad

● 名詞の数

複数形の作り方：語尾が母音か子音かを見てください。

① 母音 (a, i, u, e, o) で終わる語	+ s	amigo → amigos
② 子音で終わる語	+ es	universidad → universidades

CD-12

飲み物

café ⓜ　　　　té ⓜ　　　　café ⓜ con leche　　　chocolate ⓜ

vino ⓜ　　zumo ⓜ de naranja　cerveza ⓕ　　leche ⓕ　　cola ⓕ　　sangría ⓕ

CD-13

▌数詞 (1〜15)

1 uno	2 dos	3 tres	4 cuatro	5 cinco
6 seis	7 siete	8 ocho	9 nueve	10 diez
11 once	12 doce	13 trece	14 catorce	15 quince

※un café, una cerveza, dos cafés, tres cervezas

● 名詞句　CD-14

名詞は、前後にいろいろな語をつけて名詞句として使われます。

名詞句		
冠詞 / 数詞など un　一人の	名詞 amigo　友達	形容詞 simpático　感じのよい

● 名詞の前につく語：冠詞

名詞の性と数に一致します。

① **不定冠詞**（ひとつの〜、ある〜［単数］、いくつかの〜［複数］）

	単数		複数	
男性形	**un**	amigo	**unos**	amigos
女性形	**una**	amiga	**unas**	amigas

② **定冠詞**（その〜、例の〜）

	単数		複数	
男性形	**el**	amigo	**los**	amigos
女性形	**la**	amiga	**las**	amigas

● 名詞の後につく語：形容詞

修飾する名詞の性・数に一致して語尾が変化します。

① **男性単数形が -o で終わる形容詞**　➡ 性と数が変化 (-o, -a, -os, -as)

	単数		複数	
男性単数形の語尾が -o (simpático)	un amigo	**simpático**	unos amigos	**simpáticos**
	una amiga	**simpática**	unas amigas	**simpáticas**

② **男性単数形が -o 以外で終わる形容詞**　➡ 数のみが変化（単数と複数）

	単数		複数	
男性単数形の語尾が -o 以外 (amable)	un amigo	**amable** 親切な	unos amigos	**amables**
	una amiga		unas amigas	

※ 形容詞の中にも「たくさんの」を意味する mucho や「私の、君の」を表す mi, tu のように名詞の前につく語もあります：muchos amigos, mi amigo, mis amigos, tu amigo, tus amigos

Vocabulario　〜形容詞〜　CD-15

grande 大きい	⇔ pequeño 小さい	largo 長い	⇔ corto 短い
bueno 良い	⇔ malo 悪い	nuevo 新しい	⇔ viejo 古い
caliente 熱い	⇔ frío 冷たい	caro (値段の)高い	⇔ barato (値段の)安い

1 次の単語を複数形にしてみましょう。

1) café   2) bocadillo   3) mesa   4) cafetería

5) copa   6) bar   7) teléfono   8) hotel

2 次の名詞にそれぞれ不定冠詞と定冠詞をつけましょう。

1) señor   2) libro

3) tardes   4) universidades

5) ciudad   6) quiosco

7) noches   8) vasos

3 (　　) 内の形容詞を名詞の性・数に一致させましょう。

1) una mesa (pequeño)

2) los diccionarios (viejo)

3) un chocolate (caliente)

4) unas profesoras (nuevo)

5) unos libros (caro)

4 例にならって名詞（単数・複数）の前後に好きな語をつけて名詞句を作り、日本語に訳しましょう。

例) un compañero nuevo　一人の新しい仲間

1)

2)

3)

4)

5)

Práctica oral

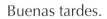

次の会話を参考に練習してみましょう。

〈バルでの注文〉

Buenas tardes.

Hola, buenas tardes.
Un café, por favor.

Sí, un momento.

> オレンジジュース 1 杯
> コーラ 2 杯
> ワイン 1 杯
> ミルク 5 杯
> コーヒー 3 杯

LECCIÓN 3

規則動詞を使って「私は〜を勉強しています」など学生生活について話せるように
なります。

CD-17

Gramática

主格人称代名詞と規則動詞の直説法現在

	単数		複数	
1人称	**yo**	私は・が	**nosotros, nosotras**	私達は・が
2人称	**tú**	君は・が	**vosotros, vosotras**	君達は・が
3人称	**él** **ella** **usted**	彼は・が 彼女は・が あなたは・が	**ellos** **ellas** **ustedes**	彼らは・が 彼女らは・が あなたがたは・が

※ usted の省略形は Ud. Vd. Ustedes の省略形は Uds. Vds.

CD-18

主語	**hablar** 話す	**comer** 食べる	**vivir** 住んでいる
yo	hablo	como	vivo
tú	hablas	comes	vives
él, ella, usted	habla	come	vive
nosotros, nosotras	hablamos	comemos	vivimos
vosotros, vosotras	habláis	coméis	vivís
ellos, ellas, ustedes	hablan	comen	viven

※その他の規則動詞　comprar（買う）esperar（待つ）estudiar（勉強する）llegar（着く）
　　　　　　　　　tomar（取る、飲む）trabajar（働く）/ aprender（習う）beber（飲む）
　　　　　　　　　leer（読む）vender（売る）/ abrir（開く）escribir（書く）recibir（受け取る）

1）　主語 ＋ 動詞

　　　Yo ｜ como ｜ en un restaurante. ＝ ｜ Como ｜ en un restaurante.
　　　　　　　　　　　　　　　　　　　※スペイン語では、主語を省略することができます。

　　　Mi abuelo ｜ vive ｜ en Kobe.

2）　主語 ＋ 動詞 ＋ (a) 名詞（句）（〜を）

　　　Juan ｜ espera ｜ el tren para Toledo .
　　　Juan ｜ espera ｜ a María .

3）　主語 ＋ 動詞 ＋ 名詞（句）（〜を）＋ a 名詞（句）（〜に）

　　　Juan y Pedro ｜ escriben ｜ una carta ｜ a María .

○ 否定文と疑問文　**CD-19**

1）　主語　＋　**no**　＋　動詞

　　Mi madre no habla inglés.

2）¿　主語　＋　動詞　〜?　または　¿　動詞　＋　主語　〜?　　—**Sí,** 肯定文．/ **No,** 否定文．

　　¿Luis vive en Madrid? / ¿Vive Luis en Madrid? —Sí, vive en Madrid.

　　　　　　　　　　　　— No, no vive en Madrid. Vive en Barcelona.

3）¿　疑問詞　＋　動詞　＋　主語　〜?

　　¿Dónde trabaja tu padre? — Trabaja en un banco.

○ 現在形の用法　**CD-20**

　　Vivimos en Barcelona.

　　Ella siempre toma café con leche.

　　Mis amigos llegan mañana.

Expresiones

CD-21

❶

¿Qué estudias?　　　　Estudio español.

Vocabulario　〜名詞（学問と言語）〜　**CD-22**

comercio ⓜ 商業学　derecho ⓜ 法律学　economía ⓕ 経済学　empresariales ⓜ *(pl.)* 経営学
historia ⓕ 歴史学　informática ⓕ 情報科学・情報処理学　ingeniería ⓕ 工学　literatura ⓕ 文学
servicios ⓜ sociales *(pl.)* 社会福祉学　turismo ⓜ 観光学　alemán ⓜ ドイツ語　chino ⓜ 中国
語　español ⓜ スペイン語　francés ⓜ フランス語　inglés ⓜ 英語　japonés ⓜ 日本語

❷

¿Dónde vives ?　　　　　Vivo en Osaka.

❸

¿Qué tomas?　　　　Tomo un café.

☞Lección 2 の 飲み物（6 ページ）を参考にしましょう。

1 （　　）の動詞の適切な活用形を入れ、日本語に訳しましょう。

1) Vosotros (aprender　　　　　) inglés.

2) José y yo (comprar　　　　　) una casa grande.

3) Mi madre (escribir　　　　　) una carta a Pedro.

4) Nosotros (estudiar　　　　　) japonés.

5) María (leer　　　　) una novela.

6) Yo (vender　　　　) mi coche a Enrique.

7) Isabel y Ana (trabajar　　　　　) mucho en un supermercado.

8) ¿(recibir　　　　　) (tú) un correo electrónico de Miguel?

9) Ellas (esperar　　　　　) el autobús para Tokio.

10) Mi padre (comer　　　　) en casa.

2 次の質問にスペイン語で答えましょう。

1) ¿Hablas español?

2) ¿Lees una novela?

3) ¿Dónde estudias?

4) ¿Dónde viven tus abuelos?

5) ¿Qué estudiáis en la universidad?

3 規則動詞を使って、自分自身のことを書いてみましょう。

Práctica oral

CD-23

次の会話を参考にペアで練習をしましょう。

¿Dónde vives?

Vivo en Nagoya.

¿Qué estudias?

Estudio informática.

¿Qué comes?

Como arroz.

次の①～⑥の人物のことをペアで話してみましょう。

CD-24

¿Dónde vive María?

Vive en Madrid.

¿Qué estudia María?

Estudia derecho.

① María   ② Juan   ③ Carlos

居住先	Madrid	Buenos Aires	Barcelona
学問	derecho	turismo	ingeniería

④ Pedro   ⑤ Rosa   ⑥ Carmen

居住先	San Francisco	Lima	Bogotá
学問	economía	literatura japonesa	inglés

LECCIÓN 4

1人称単数だけが不規則な動詞を使って一日の予定や一週間の予定が説明できるようになります。

CD-25

Gramática

● 1人称単数だけが不規則な動詞の直説法現在

主語	**hacer** する・作る	**ver** 見る・会う	**salir** 出る
yo	*hago*	*veo*	*salgo*
tú	haces	ves	sales
él, ella, usted	hace	ve	sale
nosotros, nosotras	hacemos	vemos	salimos
vosotros, vosotras	hacéis	veis ※	salís
ellos, ellas, ustedes	hacen	ven	salen

※アクセント記号は不要。

¿Qué haces los domingos?　−Trabajo en una cafetería.

Hago deporte con mi hermano todos los días.

Siempre hacemos la comida en casa.

Raquel y Paco hacen los deberes en la biblioteca antes de la clase.

Mis padres ven la televisión después de la comida.

¿Por qué no vemos una película en mi casa?

Veo a mi novio los sábados.

Mañana salimos de casa por la tarde.

Mi madre sale de compras por la mañana.

CD-26

● 前置詞 (a, de, con)

Veo **a** María.
Vemos **al** profesor.　　　(a+el → al)
Llegan tarde **a** clase.

Salimos **de** casa.
Salgo **del** cine.　　　(de+el → del)
Compro el coche **de** José.

Salgo **con** mi amigo.
José sale **conmigo**.

※ conmigo（私と一緒に）、contigo（君と一緒に）

14

Expresiones

CD-27

①

> ¿Qué haces los sábados?

> Estudio en la casa de mi amiga.

 Vocabulario 〜曜日〜 CD-28

lunes ⓜ	月曜日	martes ⓜ	火曜日	miércoles ⓜ	水曜日	jueves ⓜ	木曜日
viernes ⓜ	金曜日	sábado ⓜ	土曜日	domingo ⓜ	日曜日		

Visito a mi abuela el domingo.

Raquel viaja a Argentina este martes.

Trabajamos en un bar los viernes.

 Vocabulario 〜時を表す副詞(句)〜 CD-29

hoy	今日	mañana	明日	siempre	いつも	todos los días	毎日
por la mañana	朝に、午前中に	por la tarde	午後に	por la noche	夜に		
antes de 〜	〜の前に	después de 〜	〜の後で				

②

> ¿**A quién** esperas?

> Espero **a Paco**.

③

> ¿**De dónde** sale el autobús para Barcelona?

> Sale **de aquella parada**.

④

> ¿**Con quién** viajas a México?

> Viajo **con mi madre**.

1 ( ) に hacer, ver, salir のいずれかの活用形を入れ、日本語に訳しましょう。

1) Mi madre y yo ( ) compras en el mercado.

2) Todas las mañanas yo ( ) a Jorge en la estación.

3) El tren ( ) de Madrid y llega a Toledo.

4) Mañana Javier y Alicia ( ) conmigo.

5) Hoy mis hermanos ( ) una película mexicana.

2 次の動詞と前置詞、時を表す副詞を使い、自由に作文し日本語に訳しましょう。

1) salir, de, los domingos

2) hacer deporte, con, este lunes

3) ver, a, después de

4) salir, contigo, por la tarde

3 次の質問にスペイン語で答えましょう。

1) ¿Qué haces los martes por la tarde?

2) ¿Con quién vives?

3) ¿Ves la televisión todos los días?

4) ¿Dónde haces los deberes?

5) ¿Haces la comida en casa?

4 曜日を使って一週間の予定について書いてみましょう。

Práctica oral

CD-30

☆次の会話を参考にペアで練習をしましょう。

¿Qué haces este fin de semana?

Trabajo en
un supermercado.

| antes de la clase |
| por la noche |
| este domingo |
| los viernes |

| hacer los deberes |
| ver la televisión |
| salir de compras |
| estudiar español en la universidad |

☆次の会話と表を参考に、「いつ～しますか？」という会話練習をしましょう。

CD-31

¿Cuándo estudias español?

Estudio los martes.

月	火	水	木	金
スポーツをする	仕事をする	図書館で読書する	宿題をする	映画を見る

☆次の①～③の人物の予定をペアで話してみましょう。

CD-32

¿Qué hace José este sábado?

Viaja a Perú.

① José　　　　② Los señores Casillas　　　③ Alicia y Jorge

今週土曜日	viajar a Perú	salir de compras	ver la película
毎週火曜日	hacer deporte	trabajar en el hospital	estudiar en la universidad
明日	estudiar inglés	cenar en un restaurante	leer libros en casa

LECCIÓN 5

動詞 ser を使って「私は学生です」「〜の出身です」という自己紹介ができるようになります。

CD-33

Gramática

● 動詞 ser (〜である) の直説法現在 (1)

主語	単数の活用	主語	複数の活用
yo	*soy*	nosotros	*somos*
tú	*eres*	vosotros	*sois*
él, ella, usted	*es*	ellos, ellas, ustedes	*son*

用法と意味：

1） 主語 ＋ ser ＋ 名詞　　➡ 主語 の名前 / 身分・職業 / 国籍を表します。

　　　　Yo soy Juan.

　　　　Ella es profesora.

　　　　Pedro y Cristina son mexicanos.

　　　　※ Yo soy Juan. = Soy Juan. （主語の省略可）

2） 主語 ＋ ser ＋ 形容詞　　➡ 主語 の特徴 / 性質を表します。

　　　　Soy alegre.

　　　　José es alto.

　　　　Ellas son simpáticas.

　　　　El gato es gordo.

　　　　※ 1) の名前を除く名詞と 2) の形容詞は主語の性・数に合わせて変化します。

3） 主語 ＋ ser ＋ de ＋ 場所 / 人　　➡ 主語 の出身 / 所有を表します。

　　　　Soy de España.

　　　　Somos de Japón.

　　　　El libro es de Yuka.

Expresiones

> ¿Qué haces?

> Soy jugador de fútbol.

身分・職業 CD-35

abogado/abogada

camarero/camarera

enfermero/enfermera

empleado/empleada

funcionario/funcionaria

médico/médica

jugador/jugadora

dependiente/dependienta

ama de casa

jugador de fútbol

jugador de béisbol

estudiante

cantante

artista

---

②

> ¿Cómo es Miguel?

> Es serio.

特徴・性質

✎ *Vocabulario* 〜形容詞〜 CD-36

alto 高い	⇔	**bajo** 低い	**delgado** やせた ⇔ **gordo** 太った	
guapo 美しい	⇔	**feo** 醜い	**simpático** 感じの良い ⇔ **antipático** 感じの悪い	
divertido 愉快な	⇔	**aburrido** 退屈な		
inteligente 頭の良い		**alegre** 陽気な	**serio** まじめな	**amable** 親切な

---

③

> ¿De dónde eres?

> Soy de Argentina.

国名・国籍 CD-37

Argentina	argentino / argentina	Alemania	alemán / alemana
Corea	coreano / coreana	Francia	francés / francesa
China	chino / china	Inglaterra	inglés / inglesa
México	mexicano / mexicana	Japón	japonés / japonesa
España	español / española	Estados Unidos	estadounidense（男女同形）

Ejercicios

1 ( ) に ser の適切な活用形を入れ、日本語に訳しましょう。

1) Yo ( ) inglesa.

2) Usted ( ) profesor.

3) Vosotros ( ) estudiantes.

4) Nosotros ( ) altos.

5) Enrique ( ) de España.

2 ( ) 内の語を必要に応じて適切な形にし、日本語に訳しましょう。

1) Lola es (español).

2) Ellas son (empleado).

3) Paco y yo somos (argentino).

4) Las casas son (pequeño).

5) La mesa es (grande).

3 次の質問にスペイン語で答えましょう。

1) ¿Eres mexicano / mexicana?

2) ¿Eres camarero / camarera?

3) ¿El profesor / la profesora es de Kobe?

4) ¿Sois profesores?

5) ¿De dónde eres?

4 ser を使ってあなた自身のことを書いてみましょう。

Práctica oral

CD-38

次の会話を参考にペアで練習をしましょう。

¿De dónde eres? — Soy de Tokio.

¿Qué haces? — Soy estudiante.

¿Cómo eres? — Soy bajo y delgado.

次の①～③の人物のことをペアで話してみましょう。

CD-39

¿De dónde es ~ ? — Es de …………

¿Qué hace ~ ? — Es ……………

¿Cómo es ~ ? — Es ……………

① <u>Isabel</u>   ② <u>John</u>   ③ <u>Mei</u>

国籍	española	estadounidense	china
出身	Barcelona	Los Ángeles	Pekín
職業	funcionaria	profesor	médica
特徴・性質	alegre	gordo	amable

LECCIÓN 6

動詞 ser の 3 人称を使って時刻、曜日、日付、値段などを表現することができるようになります。

CD-40

Gramática

● 動詞 ser の直説法現在（2）　3人称を用いた表現

1）時刻

～時			～分		時間帯	
1 時	**Es**	la una	**y** （～分過ぎ）	cinco diez cuarto（15 分）	de la mañana de la tarde de la noche	（午前の） （午後の） （夜の）
2 時以降	**Son** las dos **Son** las tres **Son** las doce		**menos** （～分前）	veinte media（30 分）		

※ menos は 30 分を過ぎてから使います。

CD-41

数詞（16〜31）　☞ 1 〜 15 は 6 ページ

16 dieci*séis*	20 veinte	24 veinti*cuatro*	28 veinti*ocho*
17 dieci*siete*	21 veinti*uno*	25 veinti*cinco*	29 veinti*nueve*
18 dieci*ocho*	22 veinti*dós*	26 veinti*séis*	30 treinta
19 dieci*nueve*	23 veinti*trés*	27 veinti*siete*	31 treinta y uno

※一の位の uno は後ろに来る名詞の性に従って変化します。

veinti*ún* niños　　veinti*una* niñas　　treinta y *un* libros　　treinta y *una* casas

CD-42

2）Es +　曜日　➡「～曜日です」　☞ 曜日は Lección 4（15 ページ）を参照

　　¿Qué día (de la semana) es hoy?　– (Hoy) es lunes.

3）Es[+el] +　日（数詞）　+ de +　月　➡「～月～日です」

　　¿Qué fecha es hoy?　– Es el uno [primero] de septiembre.

Vocabulario ～月～
CD-43

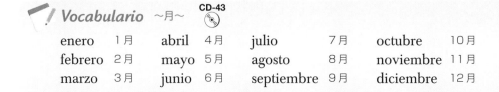

enero	1 月	abril	4 月	julio	7 月	octubre	10 月
febrero	2 月	mayo	5 月	agosto	8 月	noviembre	11 月
marzo	3 月	junio	6 月	septiembre	9 月	diciembre	12 月

● 指示形容詞 CD-44

名詞の前に置き、名詞の性と数に合わせて変化します。

	男性形		女性形	
	単数	複数	単数	複数
この／これらの	**este** libro	**estos** libros	**esta** revista	**estas** revistas
その／それらの	**ese** niño	**esos** niños	**esa** casa	**esas** casas
あの／あれらの	**aquel** hotel	**aquellos** hoteles	**aquella** señora	**aquellas** señoras

¿Cuánto es este libro?　— Son diez euros con veinte (céntimos).

● 指示代名詞

指示形容詞の最初の "e" にアクセント記号を付けると、指示代名詞（これ／これら、それ／それら、あれ／あれら）になります。指示する名詞の性と数に一致させます。

Ésta es la plaza y aquél es el supermercado.

指示代名詞には中性形の esto, eso, aquello があります。性数変化はなく、名前の分からないものを尋ねるときなどに用います。

¿Qué es aquello?　— Es un museo.

Expresiones CD-45

1 ¿Qué hora es?　Son las siete y media de la mañana.

2 ¿Cuándo es tu cumpleaños?　Es el veinticinco de octubre.

3 ¿Qué es esto?　Es un diccionario.

reloj (m)　ordenador (m)　mochila (f)　cartera (f)

1 スペイン語で表現しましょう。

1) 何時ですか？

2) 2時15分です。

3) 1時30分です。

4) 午前12時5分前です。

5) 午後4時です。

2 指示に従って（　　）に適切な語を入れましょう。

1) （この　　　　　　　　） universidad

2) （あの　　　　　　　　） diccionario

3) （その　　　　　　　　） bar

4) （これらの　　　　　　　） mesas

5) （あれらの　　　　　　　） chicos

3 日本語に訳しましょう。

1) Hago los deberes esta tarde.

2) ¿Cuánto es esa maleta? ― Son noventa euros.

3) Este ordenador es muy caro, pero aquél es barato.

4) Éste es Miguel, compañero de clase.

5) ¿Qué es eso? ― Es una tortilla española.

4 次の質問にスペイン語で答えましょう。

1) ¿Qué hora es en España?

2) ¿Son las once de la noche en Japón?

3) ¿Qué día de la semana es hoy?

4) ¿Qué fecha es mañana?

5) ¿Cuándo es tu cumpleaños?

Práctica oral

CD-46

☆いろいろな日付についてペアで会話してみましょう。

¿Cuándo es.....?

Es.........

el día de los niños　こどもの日 (5/5)

el examen de español　スペイン語の試験 (/)

el cumpleaños de Antoni Gaudí　アントニ・ガウディの誕生日 (6/25)

la Navidad　クリスマス (12/25)

☆客と店員に分かれ、次のイラストを使って買い物をしてみましょう。

CD-47

¿Qué desea?

Ese bolígrafo, por favor.
¿Cuánto es?

Son dos euros con veinte.

※ desea ⇨ desear（望む）の活用　☞ Lección 3 の規則動詞（10 ページ）を参照

revista ⓕ / periódico ⓜ / lápiz ⓜ / agua ⓕ mineral / flor ⓕ /
camiseta ⓕ /disco ⓜ compacto (CD)

LECCIÓN 7

動詞 estar を使って、
① 「駅はどこにありますか」と場所を尋ねることができるようになります。
② 「忙しいですか」と（その時の）状態を尋ねることができるようになります。

Gramática

動詞 estar（～にある・いる / ～である）の直説法現在

主語	単数の活用	主語	複数の活用
yo	**estoy**	nosotros	**estamos**
tú	**estás**	vosotros	**estáis**
él, ella, usted	**está**	ellos, ellas, ustedes	**están**

用法と意味：

1) 主語 ＋ **estar** ＋ 場所を表す語句 　➡ 主語 の所在を表します。

Estoy en la universidad.

Estamos en el hotel.

El banco está cerca de la estación.

2) 主語 ＋ **estar** ＋ 副詞 / 形容詞 　➡ 主語 の状態を表します。

¿Cómo estás? — Estoy muy bien, gracias. ¿Y tú?

Estoy cansado.

La biblioteca está abierta.

※形容詞は主語の性・数に合わせて変化します。

hay（～がある・いる）　➡ 人や物の存在を表します。

Hay un supermercado allí.

Hay treinta estudiantes aquí.

hay と **estar**

1 hay は不特定の人や物の有無を表します。

¿Hay un banco por aquí? — Sí, hay uno.

2 estar は特定の人や物の在る場所を表します。

¿Dónde está el banco? — Está al lado de la farmacia.

Expresiones

CD-51

1 ¿Dónde está el museo?

Está al lado de la biblioteca.

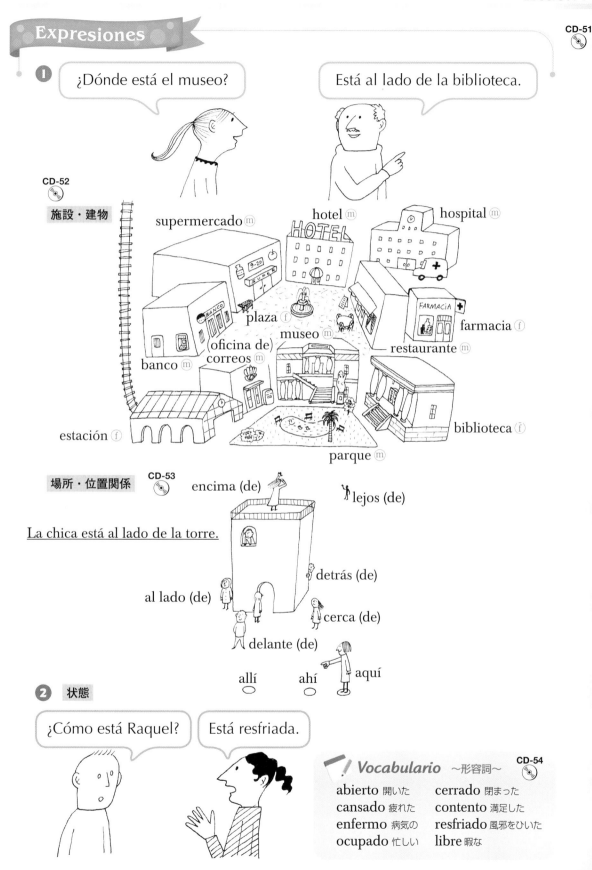

CD-52

施設・建物

supermercado ⓜ

hotel ⓜ

hospital ⓜ

plaza ⓕ

museo ⓜ

banco ⓜ

oficina de correos ⓜ

farmacia ⓕ

restaurante ⓜ

estación ⓕ

biblioteca ⓕ

parque ⓜ

場所・位置関係　CD-53

encima (de)

lejos (de)

La chica está al lado de la torre.

detrás (de)

al lado (de)

cerca (de)

delante (de)

allí　ahí　aquí

2 状態

¿Cómo está Raquel?

Está resfriada.

✎ *Vocabulario* 〜形容詞〜　CD-54

abierto 開いた　　cerrado 閉まった
cansado 疲れた　　contento 満足した
enfermo 病気の　　resfriado 風邪をひいた
ocupado 忙しい　　libre 暇な

1 （　　）に estar の適切な活用形を入れ、日本語に訳しましょう。

1) Vosotros (　　　　　　　　) en Francia.

2) Tú (　　　　　　　) resfriado.

3) Mis amigos (　　　　　　　) en la universidad.

4) Miguel (　　　　　　　) en la estación.

5) El coche (　　　　　　　) cerca de la plaza.

2 （　　）内の語を必要に応じて適切な形にし、日本語に訳しましょう。

1) Ellas están (cansado).

2) Alfredo y tú estáis (enfermo).

3) Nosotros estamos (ocupado).

4) El museo está (cerrado).

5) Las bibliotecas están (abierto).

3 次の質問にスペイン語で答えましょう。

1) ¿Estás en casa?

2) ¿Estás contento / contenta?

3) ¿Dónde está la universidad?

4) ¿Hay una farmacia cerca de tu casa?

5) ¿Estáis cansados?

4 あなたの大学の近くには、どんな建物がありますか？ hay を使って表現してみましょう。

Práctica oral

CD-55

☆ 次の会話を参考にペアで練習をしましょう。

〈携帯電話で〉

¿Dónde estás ahora?

Estoy en la universidad.
Estoy ocupada.

> 病院にいます / 病気です
> 薬局にいます / 風邪をひいてます
> ホテルにいます / 満足しています

☆ 地図を見ながら建物の場所をペアで教えあいましょう。

CD-56

¿Dónde está el banco?

Está al lado de la farmacia.

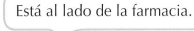

> el restaurante
> el hotel
> el bar
> el museo

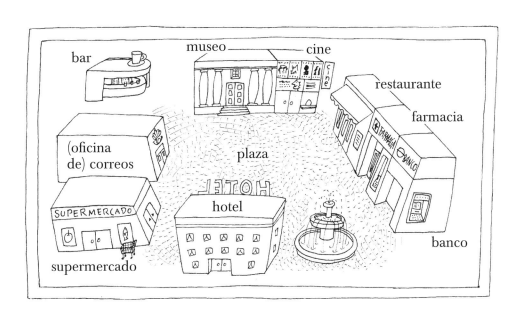

LECCIÓN 8

語根母音変化動詞 querer を使って「〜したい」という願望を述べることができるようになります。

Gramática

語根母音変化動詞の直説法現在 (1) e ➡ ie

querer (欲しい・〜したい)

主語	単数の活用	主語	複数の活用
yo	**qu*ie*ro**	nosotros	**queremos**
tú	**qu*ie*res**	vosotros	**queréis**
él, ella, usted	**qu*ie*re**	ellos, ellas, ustedes	**qu*ie*ren**

※同類の動詞：empezar（始まる、始める） cerrar（閉まる、閉める）など。

用法と意味：

1) 主語 + **querer** + 名詞（句） ➡ 「〜が欲しい」

    Quiero una falda blanca.

    Antonio quiere un coche japonés.

2) 主語 + **querer** + 動詞の原形 ➡ 「〜したい」： 主語 の願望を表します。

    Carlos quiere ser jugador de fútbol.

    José quiere trabajar en un banco.

    ¿Qué queréis hacer el domingo? － Queremos ver la televisión en casa.

    ¿Qué película quieres ver? － Quiero ver "Spiderman".

    ¿A qué hora quieres salir de casa? － Quiero salir de casa a las ocho de la mañana.

3) **¿Quieres** + 動詞の原形 **?** ➡ 「〜してくれますか？」：依頼を表します。

    ¿Quiere usted + 動詞の原形 **?**

    ¿Quieres abrir la ventana? － Sí, claro.

    ¿Quiere usted cerrar la puerta, por favor? － Sí, cómo no.

Expresiones

CD-58

1

¿Qué quieres?

Quiero una falda negra.

衣類・小物　CD-59

abrigo ⓜ	bolsa ⓕ	gafas ⓕ *(pl.)*	calcetines ⓜ *(pl.)*
camiseta ⓕ	camisa ⓕ	chaqueta ⓕ	falda ⓕ
jersey ⓜ	pantalones ⓜ *(pl.)*	sombrero ⓜ	zapatos ⓜ *(pl.)*

Vocabulario ～形容詞 (色) ～　CD-60

amarillo 黄色い　　blanco 白い　　negro 黒い　　rojo 赤い
rosado ピンク色の　azul 青い　　verde 緑色の　　marrón 茶色の

2

¿Qué quieres ser?

Quiero ser funcionario.

☞Lección 5 職業 (19 ページ) を参考にしましょう。

1 ( ) に querer の適切な活用形を入れ、日本語に訳しましょう。

1) Yo ( ) aprender francés.

2) ¿( ) usted cerrar la ventana?

3) Mi hermano ( ) una bicicleta italiana.

4) Nosotros ( ) un ordenador nuevo.

5) Mis padres ( ) una casa grande.

2 ( ) 内の形容詞を名詞の性・数に一致させましょう。

1) un abrigo (verde)

2) tres cervezas (frío)

3) una chaqueta (rojo)

4) unos zapatos (negro)

5) unos pantalones (azul)

3 次の質問にスペイン語で答えましょう。

1) ¿Quieres leer una novela española?

2) ¿Qué quieres hacer mañana?

3) ¿Dónde quieres vivir?

4) ¿Qué quieres comprar ?

5) ¿Qué película quieres ver?

4 querer を使ってあなた自身の欲しいものを書いてみましょう。

Práctica oral

CD-61

☆ 次の会話を参考にペアで練習をしましょう。

¿Qué quieres?

Quiero un coche alemán.

¿Qué quieres ser?

Quiero ser profesor.

¿Qué quieres hacer el sábado?

Quiero escribir una carta.

☆ 次の①〜③の人物のことをペアで話してみましょう。

CD-62

¿Qué quiere ~ ?

Quiere ……….

¿Qué quiere ser ~ ?

Quiere ser……….

¿Qué quiere hacer ~ ?

Quiere……….

	① Daniela	② Vicente	③ Antonio
欲しいもの	白いTシャツ	茶色の靴下	青いセーター
将来の職業	教師	医師	野球選手
したいこと	フランス映画を見る	祖母に会う	スポーツをする

LECCIÓN 9

語根母音変化動詞 poder を使って「～してもいいですか」「～してくれますか」という許可や依頼の表現ができるようになります。

Gramática

● 語根母音変化動詞の直説法現在 (2) o ➡ ue

poder (～できる)

主語	単数の活用	主語	複数の活用
yo	p**ue**do	nosotros	podemos
tú	p**ue**des	vosotros	podéis
él, ella, usted	p**ue**de	ellos, ellas, ustedes.	p**ue**den

※同類の動詞：volver（帰る）　costar（値段が～かかる）　dormir（眠る）など。

用法と意味：

1) 主語 ＋ **poder** ＋ 動詞の原形　　➡ 「～できる」：可能を表します。

　　Hoy no puedo ir a la universidad, porque estoy resfriado.

　　¿Podéis venir a la fiesta mañana?　— Queremos ir, pero no podemos.

　　¿Dónde puedo comprar periódicos?

2) **¿Puedo** ＋ 動詞の原形 **?**　　➡ 「～してもいいですか？」：許可を表します。

　　¿Puedo fumar aquí?　— No, no puedes fumar aquí.

　　Mamá, ¿puedo salir esta noche?

3) **¿Puedes**　　 ＋ 動詞の原形 **?**　　➡ 「～してくれますか？」：依頼を表します。

　¿Puede usted ＋ 動詞の原形 **?**

　　¿Puedes abrir la ventana?　— Sí, claro.

　　(=¿Quieres abrir la ventana?)

　　¿Puede usted cerrar la puerta, por favor?　— Sí, cómo no.

　　(=¿Quiere usted cerrar la puerta, por favor?)

Expresiones

CD-64

❶

¿Puedo usar tu diccionario?

Sí, claro.

¿Puedo +

fumar?
pasar?
hablar con usted?
comer esta manzana?

—Sí, claro.
     cómo no.
—No, lo siento.

❷

CD-65

¿Puedes venir esta tarde?

No, lo siento,
porque estoy ocupada.

¿Puedes   +
¿Puede usted

abrir la ventana?
escribir tu(su) dirección aquí?
esperar un momento?
hablar más despacio?

—Sí, claro.
     cómo no.
—No, lo siento.

1 ( ) に poder の活用形を入れ、日本語に訳しましょう。

1) Hoy mis padres no ( ) venir aquí.

2) ¿Mañana ( ) (tú) jugar al fútbol conmigo?

3) ¿( ) (yo) leer esta revista?

4) Hay mucha gente. Por eso ahora vosotros no ( ) pasar por aquí.

2 日本語を参考に、単語を並べ替えて文をつくりましょう。

1) ここで先生を待っていてもいいですか？
〔¿, ?, aquí, podemos, a, profesora, esperar, la〕

2) 明日ペレスさんにお会いできますか？
〔¿, ?, señor, ver, Pérez, puedo, al, mañana,〕

3) テレサと私は今日家を出られません。
〔de, no, podemos, salir, yo, hoy, casa, y, Teresa〕

4) アンヘラとホアキンはチリに旅行したいが、旅行できません。
〔Ángela, Joaquín, Chile, y, viajar, quieren, pueden, a, pero, no〕

3 例文を参考に、次の質問に対し〔 〕内の理由を述べて断りましょう。

例：¿Puedes venir a mi casa hoy？ － No, lo siento, porque estoy resfriado.

1) ¿Puedes hacer café？　　　　　　　　　〔今、忙しい。〕

2) （電話で）¿Puedo hablar con Rosa？　　〔今、ロサは家にいない。〕

3) ¿Puedes cenar con nosotros esta noche?　〔今晩は宿題をする。〕

4) ¿Puedo ir a tu casa esta tarde?　　　　　〔今日の午後は友達と出かける。〕

Práctica oral

CD-66

☆ 次の会話を参考に、poder を使った質問に肯定文、否定文で答えてみましょう。

¿Puedes salir conmigo este viernes?

Sí, cómo no.

No, lo siento. Porque ....

このチョコレートを食べていいですか？
あの窓を閉めてくれますか？
そのパソコンを使ってもいいですか？

☆ 次の会話を参考に、poder を使った会話練習をしましょう。

CD-67

¿Puedo salir mañana?

No, no puedes.
Porque mañana visitamos a tus abuelos.

土曜日、私と宿題をしてくれますか？
いつ私の家に来られますか？
なぜパーティーに行けないのですか？

LECCIÓN 10

動詞 tener を使って、持ち物や年齢などについて言ったり尋ねたりできるようになります。

CD-68

Gramática

● 動詞 **tener**（持つ）の直説法現在

主語	単数の活用	主語	複数の活用
yo	**tengo**	nosotros	**tenemos**
tú	**tienes**	vosotros	**tenéis**
él, ella, usted	**tiene**	ellos, ellas, ustedes	**tienen**

用法と意味：

1) 主語 + **tener** + 名詞 ➡ 「～を持っている」/「（家族や友人などが）いる」：所有を表します。

Roberto tiene cinco camisetas del Real Madrid.

Tengo muchos amigos.

Ahora no tengo dinero.

2) 主語 + **tener** + 数詞 + años ➡ 「～才である」：年齢を表します。

Tengo dieciocho años.

La señora González tiene setenta y cinco años y está muy bien.

3) 主語 + **tener** + 一部の名詞（句） ➡ いろいろな慣用表現があります。

No tengo hambre, pero puedo comer este pastel.

¿No tienes calor? — No. Tengo frío.

Tenemos mucho sueño y queremos dormir.

Alicia tiene dolor de cabeza. Por eso hoy no puede ir a la fiesta.

 Vocabulario ～tener とともに慣用表現をつくる名詞（句）～ CD-69

hambre ⓕ 空腹　　calor ⓜ 暑さ　　sueño ⓜ 眠気

sed ⓕ 喉の渇き　　frío ⓜ 寒さ　　dolor ⓜ de estómago (de cabeza) 胃 (頭) 痛

4) 主語 + **tener** + que + 動詞の原形 ➡ 「～しなければならない」：義務を表します。

Tengo que estudiar esta tarde, porque mañana tengo un examen de español.

Tenéis que limpiar la habitación todos los días.

CD-70

Expresiones

1

¿Tienes hermanos?

No, no tengo hermanos. Soy <u>hija única</u>.

※男性の場合は hijo único となります。

2

¿Cuántos años tienes tú?

Tengo veinte años. ¿Y tú?

Yo tengo veintiún años.

3

¿Cuántos años tiene la madre de José?

Tiene cuarenta y ocho años.

CD-71

la familia de José

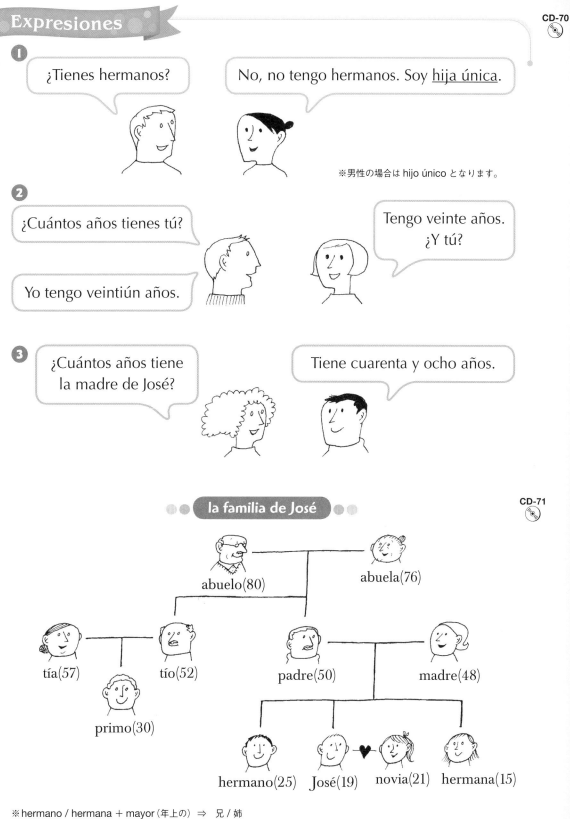

abuelo(80)　　abuela(76)

tía(57)　　tío(52)　　padre(50)　　madre(48)

primo(30)

hermano(25)　José(19)　novia(21)　hermana(15)

※hermano / hermana ＋ mayor（年上の）⇒　兄 / 姉
　　　　　　　　　　　 ＋ menor（年下の）⇒　弟 / 妹

1 (　　) に tener の活用形を入れ、日本語に訳しましょう。

1) Yo (　　　　　　　　) dos hermanos mayores.

2) El señor García (　　　　　　　　) siete coches grandes.

3) Tú (　　　　　　　　) diecisiete años, ¿verdad?

4) Nosotros (　　　　　　　　) mucho frío.

5) Vosotros (　　　　　　　　) que hacer los deberes esta noche.

2 下線部を tener que を使って書き換え、日本語に訳しましょう。

1) Marta <u>habla</u> con el profesor.

2) <u>Visitas</u> a tu abuela esta tarde.

3) <u>Trabajo</u> los sábados y domingos.

4) ¿<u>Estáis</u> en casa ahora?

5) ¿Qué <u>hacen</u> ustedes este domingo?

3 次の質問にスペイン語で答えましょう。

1) ¿Cuántos años tienes?

2) ¿Tienes hermanos?

3) ¿Cuántas clases tienes los lunes?

4) ¿Tienes calor ahora?

5) ¿Tenéis que estudiar mucho español?

4 これまでに覚えたスペイン語を用いて家族や友人について自由に書いてみましょう。

Práctica oral

CD-72

☆ 互いの持ち物について、ペアで話してみましょう。

¿Tienes gafas?

Sí, tengo.

¿Cuántas gafas tienes?

Tengo tres gafas.

本、Tシャツ、CD、リュックサック…

☆ しなければならないことについて、ペアで話してみましょう。

CD-73

¿Qué tienes que hacer........... ?

Tengo que..........

después de la clase
esta tarde
esta noche
mañana
este domingo

estudiar español
hacer los deberes
trabajar en....
ver la televisión
ir al supermercado

SUPERMERCADO

CD-74

1 次の会話を聞いて空欄を埋めましょう。【1〜2課】

①

Ana : Hola, Juan. ¿_____?

Juan : _____. ¿Y tú?

Ana : _____. Hasta luego.

Juan : _____, hasta luego.

CD-75 ②

Camarero : Buenos días.

Yuki : Buenos días. _____, por favor.

Camarero : ¿_____ o con limón?

Yuki : Con limón y un bocadillo de _____, por favor.

Camarero : Sí, _____.

CD-76 **2** 次の会話を聞いて空欄を埋め、意味を考えましょう。【3〜5課】

(En el bar)

Carlos : ¡Buenos días!

María : ¡Hola, Antonio!

Carlos : No soy Antonio. Me llamo Carlos. Mucho gusto. Hoy empiezo a trabajar aquí.

María : Me llamo María. Mucho gusto.

Carlos : ¿Qué haces? ¿_____ o trabajas?

María : Estudio _____ en la universidad.

Carlos : ¿Dónde vives?

María : Vivo en la calle Marina, número cinco.

Carlos : ¿De veras? Yo también. ¿Qué _____ esta noche?

María : _____ con una amiga.

Carlos : ¿Qué haces el domingo?

María : Hago _____ por la tarde y _____ un DVD en casa por la noche.

Carlos : Bueno…, ¿qué tomas?

María : Un café con _____, por favor.

Carlos : Bien.

3 えりと店員のキオスクでの会話を聞いた後で、次の 1）〜4）の質問について、それぞれ A）〜 C）
の選択肢の中から適切な答えを選びましょう。【6〜7課】

1) ¿Qué compra Eri en el quiosco?

   A) Un periódico y un agua mineral.

   B) Una revista y un agua mineral.

   C) Una revista y un zumo de naranja.

2) ¿Qué hora es?

   A) Son las nueve de la mañana.

   B) Son las nueve y media de la tarde.

   C) Son las siete de la mañana.

3) ¿Dónde está la biblioteca?

   A) Está delante del parque.

   B) Está al lado de la plaza.

   C) Está al lado del parque.

4) ¿Qué día es hoy?

   A) Es viernes.

   B) Es sábado.

   C) Es domingo.

4 次の会話文を読み、日本語に訳しましょう。その後、会話文に関する 4 つの質問文が流れるの
で質問を聞き取り、スペイン語で答えましょう。【8〜10課】   CD-78

Julián : Oye, Ángela. ¿Qué haces mañana?

Ángela : Mañana estoy muy ocupada. Es que trabajo todo el día. ¿Por qué?

Julián : Quiero ver una película japonesa. Es muy interesante. ¿Tú también
quieres ver esa película?

Ángela : Sí, quiero, pero mañana no puedo. ¿No podemos el domingo?

Julián : Sí, cómo no. Entonces, ¿puedes venir a mi casa a las dos?
Vamos en coche.

Ángela : Vale. Y después de la película, ¿por qué no cenamos en un restaurante
japonés? ¿Qué te parece?

Julián : ¡Qué buena idea!

●動　詞

　この教科書では、動詞は直説法現在形のみを扱っていますが、ここでは他の時制・法の中でも使用頻度の高いものを取り上げ、規則動詞 (hablar, comer, vivir) の活用でご紹介します。

1）直説法点過去

主語	habl**ar**	com**er**	viv**ir**
yo	habl**é**	com**í**	viv**í**
tú	habl**aste**	com**iste**	viv**iste**
él, ella, usted	habl**ó**	com**ió**	viv**ió**
nosotros, nosotras	habl**amos**	com**imos**	viv**imos**
vosotros, vosotras	habl**asteis**	com**isteis**	viv**isteis**
ellos, ellas, ustedes	habl**aron**	com**ieron**	viv**ieron**

①過去に完了したできごとを表します。

2）直説法線過去

主語	habl**ar**	com**er**	viv**ir**
yo	habl**aba**	com**ía**	viv**ía**
tú	habl**abas**	com**ías**	viv**ías**
él, ella, usted	habl**aba**	com**ía**	viv**ía**
nosotros, nosotras	habl**ábamos**	com**íamos**	viv**íamos**
vosotros, vosotras	habl**abais**	com**íais**	viv**íais**
ellos, ellas, ustedes	habl**aban**	com**ían**	viv**ían**

①過去の継続的なできごとを表します。
②時制の一致で用います。
③丁寧さを表します。

3）直説法未来

主語	hablar	comer	vivir
yo	hablar**é**	comer**é**	vivir**é**
tú	hablar**ás**	comer**ás**	vivir**ás**
él, ella, usted	hablar**á**	comer**á**	vivir**á**
nosotros, nosotras	hablar**emos**	comer**emos**	vivir**emos**
vosotros, vosotras	hablar**éis**	comer**éis**	vivir**éis**
ellos, ellas, ustedes	hablar**án**	comer**án**	vivir**án**

①未来のできごとを表します。
②現在の推量を表します。

4）直説法過去未来

主語	hablar	comer	vivir
yo	hablar*ía*	comer*ía*	vivir*ía*
tú	hablar*ías*	comer*ías*	vivir*ías*
él, ella, usted	hablar*ía*	comer*ía*	vivir*ía*
nosotros, nosotras	hablar*íamos*	comer*íamos*	vivir*íamos*
vosotros, vosotras	hablar*íais*	comer*íais*	vivir*íais*
ellos, ellas, ustedes	hablar*ían*	comer*ían*	vivir*ían*

①過去からみた未来のできごとを表します。
②婉曲的、あるいは非現実的な言い方を表します。

5）接続法現在

主語	habl*ar*	com*er*	viv*ir*
yo	habl*e*	com*a*	viv*a*
tú	habl*es*	com*as*	viv*as*
él, ella, usted	habl*e*	com*a*	viv*a*
nosotros, nosotras	habl*emos*	com*amos*	viv*amos*
vosotros, vosotras	habl*éis*	com*áis*	viv*áis*
ellos, ellas, ustedes	habl*en*	com*an*	viv*an*

①命令、願望、希望、感情などを表します。

6）命令法

	habl*ar*	com*er*	viv*ir*
tú に対する命令	habl*a*	com*e*	viv*e*
vosotros に対する命令	habl*ad*	com*ed*	viv*id*

※否定命令や usted, ustedes に対する肯定命令には接続法現在を用います。

◎ 比較級と最上級（規則形）

比較級

優等比較	más	+	形容詞 / 副詞	+ que
同等比較	tan	+	形容詞 / 副詞	+ como
劣等比較	menos	+	形容詞 / 副詞	+ que

最上級

定冠詞（＋名詞）＋ más ＋ 形容詞 ＋ de

語彙集
目次

語 彙 集

1. 動詞

abrir	開く	oír	聞く
aprender	学ぶ、習う	※ oye	ねえ
beber	飲む	parecer	〜のように見える
cenar	夕食をとる	※ ¿Qué te parece?	君はどう思う？
cerrar	閉まる、閉める	pasar	通る
comer	食べる	poder	〜できる
comprar	買う	querer	欲しい、〜したい
costar	値段が〜かかる	recibir	受け取る
desear	望む	salir（＋de）	（〜から）出る
dormir	眠る	※ salir de casa	外出する
empezar	始まる、始める	sentir	残念に思う
escribir	書く	※ lo siento	すみません
esperar	待つ	ser	〜である（性質）
estar	〜にある・いる	tener	持つ
	〜である（状態）	tomar	飲む、取る
estudiar	勉強する	trabajar	働く
fumar	タバコを吸う	usar	使う
hablar	話す	vender	売る
hacer	する・作る	venir	来る
hay	〜がある・いる	ver	見る、会う
ir	行く	viajar	旅行する
※ vamos	行きましょう	visitar	訪問する
jugar	遊ぶ、（スポーツ）をする	vivir（＋en）	（〜に）住む
leer	〜を読む、読書する		生きる
limpiar	掃除をする	volver	帰る
llamarse	〜という名前である		
llegar（＋a）	（〜に）着く		
※ llegar tarde	遅刻する		

2. 名詞

<＜ ① 地名 ＞>

Alemania	ドイツ	Bogotá	ボゴタ
Argentina	アルゼンチン	Buenos Aires	ブエノスアイレス
Barcelona	バルセロナ	China	中国

Chile	チリ	La Paz	ラパス
Corea	韓国、朝鮮	Lima	リマ
Cuba	キューバ	Los Ángeles	ロサンゼルス
Costa Rica	コスタリカ	Madrid	マドリード
Colombia	コロンビア	※ el Real Madrid	レアル・マドリード
Estados Unidos (de América)		（スペインのマドリードを本拠地とするサッカーチーム）	
	アメリカ合衆国	México	メキシコ
España	スペイン	Pekín	北京
Francia	フランス	Perú	ペルー
Guatemala	グアテマラ	San Francisco	サンフランシスコ
Honduras	ホンジュラス	Toledo	トレド
Inglaterra	イギリス	Venezuela	ベネズエラ
Japón	日本	Quito	キト

< ② 国籍・言語 >

alemán / alemana	ドイツ人、ドイツ語	estadounidense	アメリカ人
argentino / argentina	アルゼンチン人	**francés** / francesa	フランス人、フランス語
chino / china	中国人、中国語	**inglés** / inglesa	イギリス人、英語
coreano / coreana	朝鮮人・韓国人、朝鮮語	**japonés** / japonesa	日本人、日本語
español / española	スペイン人、スペイン語	mexicano / mexicana	メキシコ人

< ③ 家族 >

abuelo / abuela	祖父 / 祖母	padre (papá) Ⓜ	父
familia Ⓕ	家族	padres Ⓜ (*pl.*)	両親
hermano / hermana	兄弟 / 姉妹	primo / prima	従兄弟 / 従姉妹
hijo / hija	息子 / 娘	tío / tía	おじ / おば
madre (mamá) Ⓕ	母		

< ④ 人 >

amigo / amiga	友達	niño / niña	子供、児童
chico / chica	男の子 / 女の子	novio / novia	恋人
compañero / compañera		señor Ⓜ	～さん、氏（男性の敬称）
	仲間	señora Ⓕ	～さん、
※ compañero de clase	クラスメート		～夫人（既婚女性の敬称）
gente Ⓕ	人々	señorita Ⓕ	～さん（未婚女性の敬称）

＜ ⑤ 身分・職業 ＞

abogado / abogada	弁護士	enfermero / enfermera	看護師
ama ⓕ de casa	主婦	estudiante	学生
artista	アーティスト	funcionario / funcionaria	公務員
camarero / camarera	ウェーター / ウェートレス	jugador / jugadora	（スポーツの）選手
cantante	歌手	※ jugador de ～	～の選手
dependiente / dependienta	店員	médico / médica	医者
empleado / empleada	従業員、社員	profesor / profesora	先生

＜ ⑥ スポーツ ＞

deporte ⓜ	スポーツ	golf ⓜ	ゴルフ
baloncesto ⓜ	バスケットボール	tenis ⓜ	テニス
béisbol ⓜ	野球	voleibol ⓜ	バレーボール
fútbol ⓜ	サッカー		

＜ ⑦ 学問 ＞

comercio ⓜ	商業学	informática ⓕ	情報科学、情報処理学
derecho ⓜ	法律学	ingeniería ⓕ	工学
economía ⓕ	経済学	literatura ⓕ	文学
empresariales ⓜ (*pl.*)	経営学	servicios ⓜ sociales (*pl.*)	社会福祉学
historia ⓕ	歴史学	turismo ⓜ	観光学

＜ ⑧ 食べ物 ＞

arroz ⓜ	米	naranja ⓕ	オレンジ
bocadillo ⓜ	ボカディージョ	paella ⓕ	パエリヤ
carne ⓕ	肉	pan ⓜ	パン
chocolate ⓜ	チョコレート	pastel ⓜ	ケーキ
comida ⓕ	食べ物、食事、料理	pescado ⓜ	魚
fruta ⓕ	果物	queso ⓜ	チーズ
huevo ⓜ	卵	tortilla ⓕ	トルティージャ
manzana ⓕ	りんご	verdura ⓕ	野菜

＜ ⑨ 飲み物 ＞

agua ⓕ	水	leche ⓕ	ミルク
※ agua mineral	ミネラルウォーター	sangría ⓕ	サングリア
café ⓜ	コーヒー	té ⓜ	紅茶
※ café con leche	カフェオレ	vino ⓜ	ワイン
cerveza ⓕ	ビール	zumo ⓜ	ジュース
chocolate ⓜ	ココア	※ zumo de naranja	オレンジジュース
cola ⓕ	コーラ		

<＜ ⑩ 施設・建物 ＞>

banco ⓜ	銀行	hospital ⓜ	病院
bar ⓜ	バル	hotel ⓜ	ホテル
biblioteca ⓕ	図書館	mercado ⓜ	市場
cafetería ⓕ	喫茶店	museo ⓜ	博物館、美術館
calle ⓕ	通り	parada ⓕ	停留所
casa ⓕ	家	parque ⓜ	公園
cine ⓜ	映画館	plaza ⓕ	広場
ciudad ⓕ	町	quiosco ⓜ	（街頭・駅などの）売店
correos ⓜ	郵便局	restaurante ⓜ	レストラン
※ oficina ⓕ de correos	郵便局	supermercado ⓜ	スーパーマーケット
estación ⓕ	駅	tienda ⓕ	店
farmacia ⓕ	薬局	universidad ⓕ	大学

<＜ ⑪ 室内・家具類 ＞>

habitación ⓕ	部屋	silla ⓕ	椅子
mesa ⓕ	テーブル、机	ventana ⓕ	窓
puerta ⓕ	ドア		

<＜ ⑫ 乗り物 ＞>

autobús ⓜ	バス	tren ⓜ	電車
bicicleta ⓕ	自転車	metro ⓜ	地下鉄
coche ⓜ	車	※ en ＋ 乗り物 ⇒ 交通手段	

<＜ ⑬ 衣類・小物 ＞>

abrigo ⓜ	コート	gafas ⓕ (*pl.*)	眼鏡
bolsa ⓕ	バッグ	jersey ⓜ	セーター
cartera ⓕ	財布	maleta ⓕ	スーツケース
calcetines ⓜ (*pl.*)	靴下	mochila ⓕ	リュックサック
camisa ⓕ	（襟付きの）シャツ	sombrero ⓜ	（つば広の）帽子
camiseta ⓕ	Tシャツ	zapatos ⓜ (*pl.*)	靴
chaqueta ⓕ	ジャケット	pantalones ⓜ (*pl.*)	ズボン
falda ⓕ	スカート		

<＜ ⑭ 身の回りの物 ＞>

bolígrafo ⓜ	ボールペン	disco ⓜ compacto	CD
copa ⓕ	（脚つきの）グラス	flor ⓕ	花
diccionario ⓜ	辞書	goma ⓕ	消しゴム
dinero ⓜ	お金	guitarra ⓕ	ギター

lápiz ⓜ	鉛筆	radio ⓕ	ラジオ
libro ⓜ	本	reloj ⓜ	時計
novela ⓕ	小説	revista ⓕ	雑誌
ordenador ⓜ	パソコン	teléfono ⓜ	電話
película ⓕ	映画	televisión ⓕ	テレビ
periódico ⓜ	新聞	vaso ⓜ	コップ

<＜⑮ その他 ＞>

año ⓜ	年齢、年	frío ⓜ	寒さ
cabeza ⓕ	頭	gato ⓜ	猫
calor ⓜ	暑さ	girasol ⓜ	ひまわり
carta ⓕ	手紙	gracias ⓕ (*pl.*)	ありがとう
céntimo ⓜ	センティモ	guerra ⓕ	戦争
	（ユーロの 1/100 の単位)	gusto ⓜ	喜び
clase ⓕ	クラス、授業	hambre ⓕ	空腹
compra ⓕ	買い物	idea ⓕ	アイデア
※ hacer compras	買い物をする	※ ¡Qué buena idea!	いいアイデアだね！
※ salir de compras	買い物に出かける	mañana ⓕ	朝
correo ⓜ electrónico	電子メール	※ esta mañana	今朝
cumpleaños ⓜ	誕生日	※ por la mañana	午前中に
deberes ⓜ (*pl.*)	宿題	※ todas las mañanas	毎朝
día ⓜ	日	※ mañana［副］	明日
※ Buenos días.	おはよう	noche ⓕ	夜
※ todos los días	毎日	※ Buenas noches.	こんばんは
dirección ⓕ	住所	※ esta noche	今晩
dolor ⓜ	痛み	※ por la noche	夜に
estómago ⓜ	胃	sed ⓕ	喉の渇き
euro ⓜ	ユーロ	semana ⓕ	週
examen ⓜ	試験	sueño ⓜ	眠気
extranjero ⓜ	外国人	tarde ⓕ	午後
favor ⓜ ⇒ por favor	お願いします	※ Buenas tardes.	こんにちは
fecha ⓕ	日付	※ esta tarde	今日の午後
fiesta ⓕ	祭り、パーティー	※ por la tarde	午後に
fin ⓜ	終わり	verdad ⇒ ～, ¿verdad?	～だよね？
※ este fin de semana	今週末		（付加疑問文)

< ⑯ 曜日 >

lunes ⓜ	月曜日		viernes ⓜ	金曜日
martes ⓜ	火曜日		sábado ⓜ	土曜日
miércoles ⓜ	水曜日		domingo ⓜ	日曜日
jueves ⓜ	木曜日			

※ este または el + 曜日　　今週の〜曜日

※ los + 曜日（複数形）　　毎週〜曜日

< ⑰ 月 >

enero ⓜ	1月		julio ⓜ	7月
febrero ⓜ	2月		agosto ⓜ	8月
marzo ⓜ	3月		septiembre ⓜ	9月
abril ⓜ	4月		octubre ⓜ	10月
mayo ⓜ	5月		noviembre ⓜ	11月
junio ⓜ	6月		diciembre ⓜ	12月

3. 基数詞

<1 〜 100>

uno	1	once	11	veintiuno	21	treinta y uno	31	cuarenta y uno	41
dos	2	doce	12	veintidós	22	treinta y dos	32	cuarenta y dos	42
tres	3	trece	13	veintitrés	23	treinta y tres	33	cuarenta y tres	43
cuatro	4	catorce	14	veinticuatro	24	treinta y cuatro	34	cuarenta y cuatro	44
cinco	5	quince	15	veinticinco	25	treinta y cinco	35	cincuenta	50
seis	6	dieciséis	16	veintiséis	26	treinta y seis	36	sesenta	60
siete	7	diecisiete	17	veintisiete	27	treinta y siete	37	setenta	70
ocho	8	dieciocho	18	veintiocho	28	treinta y ocho	38	ochenta	80
nueve	9	diecinueve	19	veintinueve	29	treinta y nueve	39	noventa y nueve	99
diez	10	veinte	20	treinta	30	cuarenta	40	cien (ciento)	100

※ cien + 名詞　cien libros

※ cien + 十の位以下の数字　ciento treinta y un niños

4. 形容詞

< ① 地名形容詞 >　　※国籍名詞と同形

alemán / alemana	ドイツの		italiano / italiana	イタリアの
español / española	スペインの		japonés / japonesa	日本の

<＜② 色＞>

amarillo	黄色い	negro	黒い
azul	青い	rojo	赤い
blanco	白い	rosado	ピンク色の
marrón	茶色の	verde	緑色の

<＜③ 性質・特徴・状態＞>

aburrido	退屈な	frío	冷たい
abierto	開いた、開いている	gordo	太った
alegre	陽気な、明るい	grande	大きい
alto	背の高い	guapo	美しい（人に対して）
amable	親切な	inteligente	頭の良い
antipático	感じの悪い	interesante	興味深い、面白い
bajo	背の低い	joven	若い
barato	値段の安い	largo	長い
bueno	良い	libre	(estar+)暇な、（場所が）空いた

※ Buenos días., Buenas tardes., Buenas noches.

☞ día, tarde, noche

※ bueno + 男性単数名詞 ⇒ buen niño

malo	悪い

※ mal + 男性単数名詞 ⇒ mal niño

caliente	熱い	mayor	年上の
cansado	疲れた	menor	年下の
caro	値段の高い	mucho	たくさんの
cerrado	閉まった、閉まっている	nuevo	新しい
contento	満足した	ocupado	忙しい
corto	短い	pequeño	小さい
delgado	やせた	resfriado	風邪を引いた
divertido	面白い、愉快な	serio	まじめな
electrónico	電子の	simpático	感じの良い
enfermo	病気の	único	唯一の、ただ一人の
feo	醜い	viejo	年老いた、古い

<＜④所有形容詞＞>

mi, mis	私の
tu, tus	君の

<＜⑤指示形容詞＞>

este / estos, esta / estas	この / これらの
ese / esos, esa / esas	その / それらの
aquel / aquellos, aquella / aquellas	あの / あれらの

5. 代名詞

< ① 指示代名詞 >

éste / éstos, ésta / éstas	これ / これら
esto	これ（中性形）
ése / ésos, ésa / ésas	それ / それら
eso	それ（中性形）
aquél / aquéllos, aquélla / aquéllas	あれ / あれら
aquello	あれ（中性形）

< ② 主格人称代名詞 >

yo	私は・が	ellas	彼女らは・が
tú	君は・が	usted (= Ud., Vd.)	あなたは・が
él	彼は・が	ustedes (= Uds., Vds.)	あなたがたは・が
ellos	彼らは・が	nosotros / nosotras	私達は・が
ella	彼女は・が	vosotros / vosotras	君達は・が

< ③ その他 >

nada	何も〜ない
※ De nada.	どういたしまして

6. 時や場所などを表す語句

< ① 時 >

a + 時間	〜時に	mañana	明日
※ a las ocho de la mañana	朝の8時に	※ Hasta mañana.	また明日
ahora	今	menos	〜分前
antes（de）	（の）前に	pronto	すぐに
después（de）	（の）後で	※ Hasta pronto.	また近いうちに
esta mañana	今朝	primero	ついたち
※ por la mañana	朝に、午前中に	siempre	いつも
esta tarde	今日の午後	tarde	遅く
※ por la tarde	午後に	todo el día	一日中
esta noche	今晩	todas las mañanas	毎朝
※ por la noche	夜に	todos los días	毎日
este fin de semana	今週末	un momento	少しの間
hoy	今日	y	〜分過ぎ
luego	後で	☞ 10. 接続詞（句）	
※ Hasta luego.	また後で		

＜② 場所・位置関係＞

aquí	ここに	delante (de)	(の) 前に
※ por aquí	このあたりに、この辺に	detrás (de)	(の) 後ろに
ahí	そこに	en	の中に、上に
allí	あそこに	※ en casa 家に、en la mesa 机の上に	
al lado (de)	(の) 横に、そばに	encima (de)	(の) 上に
cerca (de)	(の) 近くに	lejos (de)	(の) 遠くに

＜③ 様態・状態・程度＞

bien	よく、十分に、元気に	※○ muy cansado	とても疲れた
despacio	ゆっくりと	×mucho cansado	
mal	悪く、不十分に、体調が悪く	tal	そのような
más	もっと	※ ¿Qué tal?	元気？
mucho	たくさん	también	～もまた
muy	とても	un poco	少し

7. 肯定・否定

sí	はい
no	いいえ

※ no ＋ 動詞 ⇒否定文

8. 疑問詞

cómo	[副] どのように・な	※ de dónde	どこの、どこから
※ cómo no	もちろん	qué	[代] 何
cuándo	[副] いつ	※ por qué	なぜ
cuánto	[副] どのくらい、どれだけ	※ ¿por qué no ～?	～しませんか？
cuánto / cuántos, cuánta / cuántas			[形] 何の、どのくらいの
	[形] いくつの	※ qué hora	何時
※ cuántos años, cuántas gafas 何年・何歳、眼鏡何個		quién	[代] 誰
dónde	[副] どこに、どこで	※ a quién 誰を、con quién 誰と	

9. 前置詞

a	【方向】 ～に、～へ	con	～と一緒に
	【人】 ～に、～を	※ conmigo (私と一緒に)、contigo (君と一緒に)	
de	【起点】 ～から、～出身の		
	【所有】 ～の		

en	【場所】〜に、〜で	para	〜行きの
	【交通手段】〜で	por	
hasta		※ por favor	お願いします
※ Hasta luego.	また後で		
※ Hasta pronto.	また近いうちに		
※ Hasta mañana.	また明日		

10. 接続詞（句）

cuando	〜するとき	por eso	だから、それゆえに
entonces	それでは	porque	なぜなら
es que	実は	y	〜と、そして
pero	しかし		

11. 間投詞

hola	やあ	claro	もちろん
adiós	さようなら	vale	オーケー

―やあ、元気？―

検印
省略

© 2009 年 1 月 15 日　初 版 発 行
2022 年 1 月 30 日　第10刷発行
2024 年 1 月 30 日　第 2 版発行

著　者　　　　　　　　　　辻　本　千栄子
　　　　　　　　　　　　　磯　野　　吉　美
　　　　　　　　　　　　　二　村　　奈　美
　　　　　　　　　　　　　溝　田　のぞみ

発行者　　　　　　　　　　原　　雅　久

発行所　　　　　　　　株式会社 朝 日 出 版 社
　　　　　〒 101-0065　東京都千代田区西神田 3-3-5
　　　　　　　　　　　電話 (03) 3239-0271/72
　　　　　　　　　　振替口座　東京 00140-2-46008
　　　　　　　　　　　http://www.asahipress.com/
　　　　　　　　　組版　欧友社／印刷　図書印刷